Ich kann lesen!

Die allerbesten Schülerwitze

Dirk Hennig, geboren 1972 in Dortmund, studierte
an der Fachhochschule in Münster Grafikdesign mit
dem Schwerpunkt Illustration. Zuerst als Grafik- und
Werbedesigner tätig, kehrte er 2005 an den Zeichentisch
zurück und widmet sich seitdem ganz der Illustration von
Bilder- und Kinderbüchern.

Mehr über unsere Bücher, Autor:innen und Illustrator:innen
unter www.thienemann.de

Die allerbesten Schülerwitze

Mit Bildern von Dirk Hennig

Thienemann

Inhalt

In der Schule

Lehrer: „Welche Muskeln
beanspruche ich beim Boxen?"
Max: „Meine Lachmuskeln."

Lehrerin: „Warum ist es wichtig, dass ihr lesen lernt?"
Nina: „Damit wir etwas zu tun haben, wenn der Fernseher kaputt ist."

Lehrer: „Stell dir vor, du hast vier Münzen in deiner Hosentasche. Zwei fallen raus. Was hast du dann in der Hosentasche?"
Fritzchen: „Ein Loch."

Mara hält sich im Unterricht ein Ohr zu.

Die Lehrerin fragt: „Hast du Ohrenschmerzen?"

„Nein", antwortet Mara, „aber Sie haben doch gerade gesagt, was bei mir zum einen Ohr reingeht, kommt zum anderen wieder raus!"

Schülerin: „Ich habe nichts angestellt, ich bin unschuldig!"
Rektor: „Das sagen alle!"
Schülerin: „Dann muss es ja stimmen!"

Lehrerin: „Wer kennt fünf Tiere, die nur in Australien leben?"
Melanie: „Ein Koala und vier Kängurus."

In der Warteschlange am Schulkiosk.
Lara: „He, du musst dich auch hinten anstellen!"
Marie: „Geht leider nicht, da steht schon jemand anderes."

Amelie kommt zu spät in die Schule.
Der Lehrer spricht sie an:
„Entschuldigung?"
Darauf Amelie: „Ach, ist schon o.k."

„Wieso hast du einen Knoten im Taschentuch?"

„Den hat mein Papa mir reingemacht, damit ich nicht vergesse, meiner Lehrerin den Brief zu geben."

„Und, hat's funktioniert?"

„Nein, mein Papa hat heute Morgen vergessen, mir den Brief mitzugeben."

Lehrer: „Ich gebe dir fünf Geschenke und nehme drei wieder weg. Was ist das dann?"
Schülerin: „Gemein."

Der Lehrer sagt zu Fritzchen:
„Du könntest mal wieder ein Bad vertragen!"
Fritzchen antwortet: „Aber ich bade doch schon jeden Tag!"
Daraufhin der Lehrer: „Dann solltest du vielleicht mal das Wasser wechseln!"

Lehrerin: „Melissa, wie heißt die Hauptstadt von Deutschland?"
Melissa: „Sind Sie ein bisschen vergesslich, Frau Lehrerin? Das haben Sie mich gestern schon gefragt, und ich habe Ihnen gesagt, dass ich es nicht weiß."

Ausreden fürs Zuspätkommen

Tut mir leid, die Straße war heute länger ...

Mein Privatjet musste zur Inspektion.

Die Straßenbahn hatte einen Platten.

Der Bus hat sich verfahren und ewig die Haltestelle nicht gefunden.

Frischer Zement, mitten auf der Straße! Ich bin stecken geblieben und es hat ewig gedauert, mich da wieder rauszuholen.

Tut mir leid, aber der Gegenwind hat
mich echt ausgebremst.

Die Klasse soll für den nächsten Tag
einen Aufsatz zum Thema „Faulheit"
schreiben. Tom gibt seinen Aufsatz
ab. Es ist ein leeres Blatt Papier.
Die Lehrerin: „Du hast ja gar nichts
geschrieben?"
Tom: „Doch. Drehen Sie mal das
Blatt um."
Dort steht ein einziger Satz: „Das ist
Faulheit!"

Lehrer: „Hast du keine Ohren? Wie oft soll ich dir noch sagen, dass du nicht so mit den Beinen zappeln sollst!"
Schüler: „Aber wie soll ich denn mit den Ohren zappeln?"

Lehrerin: „Warum antwortest du eigentlich immer mit einer Gegenfrage, Nils?"
Nils: „Ach, mache ich das?"

Der Deutschlehrer fragt seine Klasse
begeistert: „Was passierte im Jahr
1749?"
Keiner meldet sich, also beantwortet
der Lehrer die Frage selbst: „Da
wurde der große deutsche Dichter
Johann Wolfgang von Goethe
geboren. Und was passierte 1759?"
Eine Stimme aus der letzten
Reihe: „Da feierte
Goethe seinen
zehnten
Geburtstag!"

Die Klasse schreibt ein Diktat.
Die Lehrerin sagt streng: „Moritz, du
schaust jetzt schon zum dritten Mal
zu Eva rüber."
Da antwortet Moritz: „Was soll
ich denn machen, Eva schreibt so
undeutlich!"

Lehrer: „Svenja, kannst du mir eine
Stadt in Italien sagen?"
Svenja: „Klar, welche denn?"

Lehrerin: „Hat jemand das Fußballspiel gestern angesehen?"

Schüler: „Ja, ich!"

Lehrerin: „Und wie viele Tore gab es?"

Schüler: „Zwei, wie immer. Auf jeder Seite eines."

In der Schule klingelt das Telefon. Die Lehrerin nimmt ab.

„Guten Morgen. Ich möchte Ihnen mitteilen, dass Tanja Müller heute nicht zum Unterricht kommen kann."

„Wer spricht denn da?", fragt die Lehrerin.

Die Stimme aus dem Hörer: „Meine Mutter."

Lehrerin: „Wenn ich vier Eier auf den Tisch lege und du legst noch drei dazu, wie viele Eier sind es dann?"
Schülerin: „Also, ich weiß ja nicht, wie Sie das machen, aber ich kann keine Eier legen."

Lehrer: „Dennis, wie kann es sein, dass dein Aufsatz über eure Katze genau dem deines Bruders entspricht?"

Dennis: „Wir haben ja nur diese eine Katze zu Hause."

Der Lehrer erklärt: „Ein Maulwurf isst täglich so viel, wie er wiegt."

Hanna: „Und woher weiß der Maulwurf, wie viel er wiegt?"

Der kleine Simon kommt zu spät zur Schule. Er rast die Treppen hoch und da steht der Direktor mit bösem Blick und sagt: „Acht Minuten zu spät!" Daraufhin Simon: „Ich auch."

Die Lehrerin beklagt sich bei den Eltern: „Ihre Tochter ist bei allem langsam: Sie liest langsam, arbeitet langsam, denkt langsam. Gibt es überhaupt etwas, was bei Ihrer Tochter schnell geht?"
Meint die Mutter: „Na ja, sie wird schnell müde …"

Emilia kommt weinend zum Lehrer:
„Herr Fischer, der Hannes hat mir
mein Pausenbrot weggenommen!"
Der Lehrer will wissen: „Mit
Absicht?"
Emilia schnieft: „Nein, mit Käse."

Lehrerin: „Gestern Nachmittag habe
ich dich mit deinem neuen Fahrrad
gesehen. Es sieht toll aus. Wie geht
es denn?"
Schülerin: „Es geht nicht, es fährt."
Lehrerin: „Na gut! Wie fährt es
denn?"
Schülerin: „Es geht!"

Schüler: „Herr Schmidt, was heißt das, was Sie hier unter meinen Aufsatz geschrieben haben?"
Herr Schmidt: „Da steht, dass du deutlicher schreiben musst!"

„Du kommst schon wieder zu spät in die Schule", ärgert sich der Lehrer über Fritzchen. „Hast du keinen Wecker?"
„Doch", meint Fritzchen, „aber wenn der klingelt, schlafe ich noch."

Ausreden fürs Hausaufgabenvergessen

Ich habe Ihnen meine Hausaufgaben doch per Mail geschickt. Haben Sie die nicht bekommen? Nicht mal aufs Internet ist noch Verlass!

Bei uns wurde eingebrochen. Die haben unseren Schmuck und mein Hausaufgabenheft mitgenommen.

Hausaufgaben? So was habe ich nicht nötig!

Ich kann's Ihnen erklären. Aber
nicht ohne das Wort „Außerirdische"
zu benutzen.

Ich brauchte dringend Geld und
habe meine Hausaufgaben bei eBay
versteigert.

Mitten im Unterricht schläft ein
Schüler ein.
Lehrer: „Ich glaube nicht, dass das
hier der richtige Platz für ein
Nickerchen ist."
Schüler: „Es geht schon. Sie müssen
nur leiser sprechen."

Fabian kaut im Unterricht
Kaugummi.
Die Lehrerin bemerkt es und spricht
ihn an: „Kaust du etwa schon wieder
Kaugummi? Ab in den Mülleimer!"
Fabian fragt kleinlaut nach: „Der
Kaugummi auch?"

Unterhalten sich drei Jungen in der Pause.

Sagt der erste: „Mein Vater hat eine Schlange mit einem Stachelschwein gekreuzt, da hatte er zehn Meter Stacheldraht."

Sagt der zweite: „Das ist doch gar nichts. Mein Vater hat ein Schwein mit einem Sparbuch gekreuzt. Jetzt hat er ein Sparschwein."

Sagt der dritte: „Mein Vater hat einen Adler mit einem Stinktier gekreuzt."

„Und, was kam raus?"

„Weiß er noch nicht, aber es stinkt zum Himmel!"

Lilli schläft im Unterricht ein. Die
Lehrerin weckt sie und schimpft:
„Weißt du, was du bist?"
Antwortet Lilli: „Klar,
ein aufgewecktes
Mädchen!"

Im Schulsekretariat.
Eine stolze Schülerin: „Ich habe
in der Garderobe ein halbes
Brathähnchen gefunden, und wollte
es hier abgeben."
Sekretär: „Gut gemacht, meine
Liebe. Wenn sich innerhalb der
nächsten sechs Monate niemand
meldet, gehört es dir."

Mit Tränen in den Augen wendet sich Sophia an die Lehrerin: „Ich bin auch nicht immer mit Ihnen zufrieden. Aber habe ich mich jemals bei Ihren Eltern darüber beschwert?"

Die Lehrerin in der ersten Klasse: „Sag bitte das ABC auf, Martin."
Martin schweigt.
„Kannst du das denn nicht?", fragt die Lehrerin erstaunt.
„Doch", sagt Martin, „ich komme nur gerade nicht auf den Anfang."

Die Lehrerin fragt im
Deutschunterricht: „Wie heißt die
Mehrzahl von Sandkorn?"
Emma antwortet: „Wüste."

Der Biologielehrer will wissen,
warum die Zugvögel im Herbst und
Winter in den Süden fliegen.
Da sagt Kathrin: „Ist doch klar! Zu
Fuß wäre das ja viel zu weit!"

Der Lehrer in der Deutschstunde:
„Wenn ich sage, ‚Das Lernen macht
mir Freude‘, was ist das dann für ein
Fall?"
Ein vorlauter Schüler: „Ein sehr
seltener Fall."

Lena bekommt ihren Aufsatz zurück.
Der Lehrer schimpft: „Lena, wie kann
das denn nur sein? 14 Fehler auf
einer Seite!"
„Sie suchen aber auch wie verrückt
danach", antwortet Lena.

„Bei so viel Geschwätz kann ich mein eigenes Wort nicht mehr verstehen!", ruft
die Lehrerin wütend.
Da kommt leise aus der letzten Reihe: „Halb so wild, Sie versäumen nichts."

Lehrerin: „Wer kann mir den Unterschied zwischen ‚ausreichend‘ und ‚genug‘ erklären?"
Sonja meldet sich. „Wenn meine Mama mir Schokolade gibt, dann ist das ‚ausreichend‘. Wenn ich sie mir selber nehmen kann, ist es ‚genug‘."

Die Biolehrerin fragt: „Wisst ihr, warum Elfenbein heute so wertvoll ist?"
Lotta antwortet zögernd: „Weil es kaum noch Elfen gibt?"

Die Lehrerin ist ganz aufgeregt: „Ben, ich habe dich gestern beobachtet! Du hast auf dem Nachhauseweg meinem Pudel die Zunge rausgestreckt!"
Ben: „Das streite ich nicht ab, aber Ihr Hund hat angefangen!"

Der Mathelehrer fragt Oliver: „Wenn du 3 Euro hast, und deine Schwester um weitere 2 Euro bittest, wie viel Euro hast du dann?

Oliver antwortet: „3 Euro."

„Aber Oliver, kannst du denn gar nicht rechnen?", mahnt der Lehrer.

„Doch schon, aber Sie kennen meine Schwester nicht!"

Die Erdkundelehrerin: „Selina, bitte zeige uns auf der Karte, wo Amerika liegt."
Selina überlegt kurz und zeigt auf die richtige Stelle.
Die Lehrerin: „Super, Selina! So, Kinder, und nun möchte ich von euch wissen, wer Amerika entdeckt hat!"
Daraufhin die ganze Klasse im Chor: „Selina!"

Im Biologieunterricht fragt die Lehrerin nach dem schlausten Tier.
Finn weiß die Antwort: „Der Kuckuck, der kann schließlich seinen eigenen Namen sagen!"

Die Lehrerin fragt: „Was versteht man unter Morgengrauen?"
Luca: „Das ist das Grauen, das man morgens hat, wenn man aufwacht und einem klar wird, dass man in die Schule gehen muss."

Henri schreibt im Diktat das Wort „Löwe" klein.
Seufzt die Lehrerin: „Ich habe doch schon so oft erklärt: Alles, was man anfassen kann, wird großgeschrieben!"
Henri: „Glauben Sie wirklich, ich wäre so doof, einen Löwen anzufassen?"

Auf dem Schulhof. Herr Hartmann
hat Aufsicht. „Ich habe dich gerufen
und du bist nicht gekommen", sagt
er streng zu Lina.
„Ich habe Sie gar nicht gehört",
antwortet Lina schüchtern.
„Also gut", meint Herr Hartmann,
„dieses Mal lasse ich es dir noch mal
durchgehen. Aber wenn du mich das
nächste Mal nicht hörst, dann
kommst du sofort rüber und meldest
dich bei mir!"

Frau Schuster fragt die Lehrerin beim Elternabend: „Finden Sie nicht auch, dass mein Sohn sehr begabt ist und originelle Ideen hat?"

„Oh ja," stimmt die Lehrerin zu, „vor allem bei der Rechtschreibung!"

Jannik meldet sich: „Frau Wagner,
mein Bleistift steckt so fest in
meinem Ohr, dass ich ihn nicht mehr
rausbekomme."
Die Lehrerin antwortet: „Dann nimm
bitte den Füller."

Sport

Was ist der brutalste Sport der
Welt?
Fußball – da wird geschossen und
geköpft.

Tims Papa ist Golfer aus Leidenschaft. Nun durfte Tim zum ersten Mal mit auf den Golfplatz kommen. Ganz begeistert erzählt er danach von seinem Erlebnis. „Mein Papa ist der beste Golfer der Welt. Wir waren stundenlang golfen und fast nie ist ihm der Ball in eines dieser fiesen Löcher gefallen."

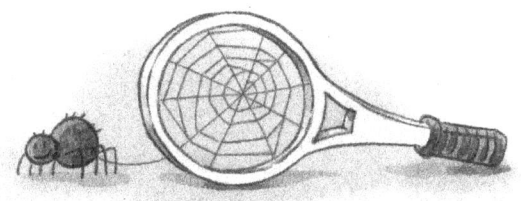

„Du, Papi, kannst du mir einen
Gefallen tun und meinen neuen
Fußball holen gehen?"
„Na klar, wo ist er denn?"
„Momentan noch im Sportgeschäft
nebenan!"

Hannah kommt von der Reitstunde
nach Hause. Ihr Arm steckt in einem
Gips.
„Was hast du denn gemacht?", fragt
die Mutter erschrocken.
„Ich bin vom Pferd gefallen."
„Hoch?"
„Nein, runter!"

Ausreden für den Sportunterricht

Ich darf nicht schwitzen. Schwere Schweiß-Allergie!

Ich sollte den Rest der Klasse lieber nicht mit meinen Leistungen demotivieren.

Oh, ich bin wieder gewachsen. Meine Sportschuhe sind viel zu klein!

Ich habe gestern ganz doll für die Sportstunde heute trainiert. Aber jetzt habe ich furchtbaren Muskelkater ...

Oh, auf den Schwebebalken kann ich
nicht. Ich habe Höhenangst!

Meine Mutter sagt: „Sport ist
Mord!" Jetzt hab ich Angst davor ...

Der Starstürmer ist nach dem verlorenen Spiel sauer auf den Schiedsrichter und schimpft laut: „Dem trete ich in den Hintern!" Meint sein Mannschaftskamerad: „Lass es bleiben – du triffst heute sowieso nicht."

Sportunterricht. Alle Schülerinnen und Schüler liegen auf dem Rücken und fahren Rad. Nur Felix bewegt seine Beine nicht.
„Los, Felix, mach mit!", ruft der Lehrer.
„Aber ich fahre doch gerade bergab!", antwortet Felix.

Warum soll der Stadionrasen des Bundesliga-Absteigers zubetoniert werden?
Damit das Spielniveau nicht noch weiter sinken kann.

Leon freut sich: „Ich habe heute beim Wettrennen den
ersten Preis gewonnen!"
„Aber das stimmt doch gar nicht", sagt sein Papa, „du
hast doch den dritten Preis gewonnen."
„Aber ich hatte vorher ja noch gar keinen."

Was ist der Unterschied zwischen einem Fußgänger und einem Fußballer?
Der Fußballer geht bei Rot.

Während des gesamten Fußballtrainings hat einer der Spieler eine dicke Backe. Der Trainer fragt ihn: „Was ist mit dir los? Hast du Zahnschmerzen?"
„Nein, aber letztens hat mir jemand in der Kabine die Seife geklaut. Das passiert mir kein zweites Mal!"

Warum haben Mäuse Angst vor Sport?
Wegen dem Muskelkater.

Bei ihrem ersten Ritt rutscht Klara immer weiter nach hinten und fällt beinahe vom Pferd. Verzweifelt ruft sie: „Hilfe! Mein Pferd ist zu Ende! Ich brauche sofort ein neues!"

Alle Jungen ärgern gern Mädchen –
nur nicht Agathe, die kann Karate.

Alle Kinder haben in Sport eine Eins,
nur nicht Linus, der hat eine Drei
minus.

Alle Kinder spielen Fußball, nur
nicht Rolf, der spielt Golf.

Fußball-Fans unterhalten sich
über ihren Verein. Die Mannschaft
hat schon lange keinen Sieg mehr
errungen.
Sagt der eine: „Ich gebe die Schuld
dem Manager. Wenn er bessere
Spieler verpflichtet hätte, würden
wir besser dastehen."
Erwidert der zweite: „Ich gebe die
Schuld den Spielern. Wenn die sich
mehr anstrengen würden, könnten
wir noch was reißen."
Meint der dritte: „Ich gebe die
Schuld meinen Eltern. Wenn ich in
einer anderen Stadt aufgewachsen
wäre, würde ich sicher eine bessere
Fußballmannschaft unterstützen."

Stolz bringt der Sohn des Fußballstars sein Zeugnis nach Hause. „Papa, schau mal, mein Vertrag mit der dritten Klasse wurde erfolgreich verlängert."

Wusstest du, dass Kegeln eine umwerfende Sportart ist?

Emil will wissen: „Papa, was wird eigentlich aus einem Fußballspieler, wenn er nicht mehr so gut sehen kann?"
„Dann wird er Schiedsrichter!"

„Was macht ihr denn eigentlich so im Karatekurs?", will Caro von ihrer Freundin Elisa wissen.

„Wir zerschlagen mit der Handkante einen Ziegelstein", antwortet Elisa stolz.

„Und wofür ist das gut?", fragt Caro.

„Wenn man mal überfallen wird, dann kann man sich wehren", erklärt Elisa.

Darauf Caro: „Wann wird man schon von einem Ziegelstein überfallen?"

2:2=?, schreibt der Lehrer an die Tafel. Ronja meldet sich. „Das bedeutet unentschieden!"

Die mutige Ella nimmt an einem Fallschirmspringerkurs teil. Als sie aus dem Flugzeug springen will, ruft der Trainer: „Stopp! Halt! Du hast ja keinen Schirm!"
„Ach so", antwortet Ella, „regnet es draußen?"

„Mein Vater reitet aus
Schlankheitsgründen", erzählt Lea
ihrer besten Freundin.
„Und, hilft es denn wenigstens?"
„Ja, das Pferd hat schon fünf Kilo
abgenommen!"

Warum sieht man so wenig
Tausendfüßer auf der
Skipiste?
Bis die alle Skistiefel
anhaben, ist der
Winter vorbei.

Sportlehrer: „Wir machen jetzt
Dehnübungen."
Emily: „Es heißt DIE Übungen."

Der kleine Bruno kommt stolz vom
Fußballspielen nach Hause. „Ich hab
zwei Tore geschossen!", verkündet
er.
Seine Mutter will wissen: „Und wie
ist das Spiel ausgegangen?"
„Eins zu eins."

Am Ende der Schwimmsaison
freut sich der Trainer: „Unsere
Mannschaft hat zwar nie gewonnen,
aber es ist auch niemand ertrunken!"

Es regnet und regnet. Der
Fußballplatz ist vollkommen
überschwemmt. Das Spiel soll
trotzdem stattfinden. Vor dem
Anpfiff fragt der Kapitän die
Mannschaft: „Und? Sollen wir
zuerst mit oder gegen die Strömung
spielen?"

Familie

Die Mutter schaut ihrer Tochter
Amira über die Schulter: „Was malst
du denn da Schönes?"
„Eine Kuh."
„Und wo ist der Schwanz?"
„Noch im Stift."

„Mama, ich muss mal unter drei
Augen mit dir reden!"
„Du meinst wohl unter vier?"
„Nee, eins musst du zudrücken."

Mutter: „Na, wie war es heute in der
Schule?"
Sohn: „Ganz gut. Ich war der
Einzige, der eine Frage beantworten
konnte."
Mutter: „Ach ja? Und welche?"
Sohn: „Wer hat gepupst?"

Papa: „Dein Lehrer macht sich
Sorgen wegen deiner Noten!"
Tina: „Ach, Papa, was gehen uns
denn die Sorgen anderer Leute an."

„Laura hat meine Puppe kaputt
gemacht!", jammert Eva, als Mama
von der Arbeit nach Hause kommt.
„Wann ist das denn passiert?", fragt
Mama ganz teilnahmsvoll.
Eva: „Als ich sie ihr vorhin über den
Kopf gehauen habe."

Mats kommt von der Schule nach Hause. „Mama, heute habe ich mich im Unterricht total blamiert: Ich konnte den Äquator nicht finden!" Darauf die Mutter: „Siehst du, das kommt davon, wenn man seinen Schulranzen nicht aufräumt."

Ausreden, um das Zimmer nicht aufräumen zu müssen:

Ich mache ein Experiment: Laut einer Studie fördert Unordnung die Konzentration.

Ich muss noch Hausaufgaben machen.
Und nach den Hausaufgaben muss ich noch lernen.

Mir ist plötzlich schwindelig. Ich muss mich hinlegen.

Ein Genie beherrscht das Chaos.

Ordnung ist das halbe Leben. Aber man soll doch keine halben Sachen machen.

Ich muss ein Bild für Kunst malen. Ordnung stört meine künstlerischen Fähigkeiten.

„Warum hast du denn so nasse
Haare, Theo?", wundert sich die
Mutter.
„Ich habe meinem Goldfisch einen
Gutenachtkuss gegeben."

Sarah zu ihrem kleinen Bruder:
„Schule ist echt anstrengend!
Immer wenn meine Lehrerin nicht
weiterweiß, fragt sie mich."

„Sag mal, Mami, kannst du deinen Namen ganz schnell schreiben?", will Lasse wissen.

„Aber sicher, Lasse", antwortet die Mutter.

„Und kannst du das auch mit geschlossenen Augen?", hakt Lasse nach.

„Selbstverständlich", sagt die Mutter.

Lasse holt ein Blatt Papier hervor: „Dann mach jetzt mal ganz fest die Augen zu und unterschreibe schnell mein Zeugnis!"

„Mama, ich wünsch mir ein Pony!"
„Ich weiß nicht, ob das eine gute
Idee ist."
„Ach bitte, Mama, bitte!"
„Na gut, überredet. Wir gehen gleich
morgen zum Friseur."

Mutter: „Ich habe dir doch gesagt,
du sollst aufpassen, wann die Milch
überkocht!"
Till: „Hab ich doch! Es war genau
halb sechs!"

Elias kommt von der Schule nach Hause. „Papa, unser Lehrer sagt, wir stammen von den Affen ab!"
„Ich nicht. Du vielleicht!"

Die kleine Lotta kommt nach Hause: „Mama, ich bin in eine Pfütze gefallen."
„Mit deinen guten Sachen?"
„Ja. Ich hab's einfach nicht mehr geschafft, mich vorher umzuziehen."

Sagt die 0 zur 8: „Schicker Gürtel!"

Merle übt ständig
auf ihrer neuen
Geige.
„Ich wünschte,
du würdest bald in
einer dieser Talentshows im
Fernsehen auftreten", sagt ihr
kleiner Bruder Luis.
„Ja, das wäre toll", sagt Merle
geschmeichelt, „aber ich hätte nicht
gedacht, dass du mir das wünschst."
„Doch", sagt Luis eifrig, „dann
könnte ich den Ton abstellen."

Die kleine Linda spielt spätabends noch mit ihrem Dreirad.
Da schimpft die Mutter: „Du solltest schon längst im Bett sein."
Darauf Linda: „Wäre ich auch, aber ich finde einfach keinen Parkplatz."

„Papa, ich werde Polarforscher!"
„Super, mein Sohn."
„Das bedeutet, ich muss ab sofort dafür trainieren."
„Tu das, mein Sohn."
„Dann gib mir mal 5 Euro. Ich muss ab jetzt täglich ganz viel Eis essen, um mich an die Kälte zu gewöhnen."

„Schau doch mal, wie schön
weiß deine Bluse mit dem neuen
Waschmittel geworden ist", freut
sich die Mutter.
Mia: „Ja schon, aber mit den roten
Punkten hat sie mir eigentlich besser
gefallen."

Die kleine Paula ist beim Spielen
hingefallen.
Ihre Großmutter fragt aufgeregt:
„Ist deine Nase noch heile, arme
Paula?"
„Ja, Oma, mach dir keine Sorgen. Die
beiden Löcher waren vorher schon
drin."

Beim Mittagessen:
Maja hat sich von oben bis unten mit Tomatensoße bekleckert. „Oh, ich sehe ja aus wie ein Schweinchen", stellt sie entsetzt fest.
„Stimmt", sagt ihre Schwester, „und bekleckert hast du dich auch!"

Nach dem ersten Schultag kommt der kleine Luca nach Hause.
„Na, Luca, hast du heute schon viel gelernt?", will die Mutter wissen.
„Ja", antwortet Luca, „aber wohl noch nicht genug. Denn morgen soll ich wieder hin!"

Im Zoo.

„Papa, kaufst du mir einen
Elefanten?", bettelt die Tochter.

Der Vater antwortet: „Aber woher
sollen wir denn das viele Futter
nehmen?"

„Kein Problem, Papa. Da steht doch
‚Füttern verboten'!"

Nina kommt von der Schule nach Hause. Sie hat eine Mathearbeit geschrieben.

„Wie lief Mathe?", möchte ihre Mutter wissen. „War es sehr schwer?"

„Nein, eigentlich nicht", antwortet Nina. „Das hättest du auch hingekriegt."

„Hast du ein Foto von deinen Zwillingsbrüdern?"

„Ja, hier!"

„Aber da ist ja nur einer drauf."

„Reicht doch. Der andere sieht genauso aus!"

Daniel beschwert sich: „Unser Lehrer ist ziemlich doof. Er weiß nicht mal, wie ein Pferd aussieht!"

„Da übertreibst du aber", meint die Mutter.

„Nein, wirklich nicht!", beteuert Daniel und erklärt: „Heute Morgen in der Zeichenstunde habe ich ein Pferd gemalt, und da hat er mich gefragt, was das sein soll."

„Gute Nachrichten", begrüßt Björn seine Mutter. „Du hast mir doch fünf Euro versprochen, wenn ich eine Zwei in Englisch schreibe." Die Mutter freut sich schon, da fährt Björn fort: „Du hast schon wieder Geld gespart!"

„Ich glaube, meine Mutter versteht nichts von Kindern", sagt Gabriel. „Wie kommst du denn darauf?", will Onkel Emil wissen.
Gabriel erklärt: „Wenn ich wach bin, schickt sie mich ins Bett und wenn ich müde bin, weckt sie mich auf."

„Papi, warum ist der Elefant so
groß?"
„Keine Ahnung."
„Papi, warum hat der Löwe eine
Mähne?"
„Weiß ich nicht!"
„Papi, stören dich meine Fragen?"
„Nein, ganz im Gegenteil, frag nur
weiter, sonst lernst du ja nichts."

„Was strickst du denn da?", fragt
die Mutter.
„Ein Geburtstagsgeschenk für dich."
„Oh, wie schön! Und was wird das?"
„Mal sehen, Mama, genau weiß ich
es selbst noch nicht."

Die Mutter schimpft ihre Tochter, die ganz schmutzig vom Spielen nach Hause gekommen ist: „Verena, mit solchen Händen darfst du nicht zum Essen kommen!"
Verena starrt auf ihre dreckigen Hände: „Aber ich habe doch keine anderen!"

Antons Vater ärgert sich: „Das ist ja wie verhext! Schon wieder hab ich keine einzige Zahl im Lotto richtig!"
„Mach dir nichts draus, Papa!", tröstet ihn Anton. „Mir ging's in der Mathearbeit genauso."

„Bitte sag Papa nicht, dass ich ihm zum Geburtstag einen Kuchen gebacken habe", sagt der Bruder zur Schwester.

„Wieso?", wundert sich diese. „Willst du ihn mit dem Kuchen überraschen?"

„Nein", sagt der Bruder, „ich habe ihn schon aufgegessen!"

Marco kommt stolz aus der Schule nach Hause: „Heute hast du mir echt ein tolles Pausenbrot gemacht, Mama. Ich konnte es für drei Euro verkaufen!"

„Gleich vier Hufeisen habe ich heute gefunden", erzählt Malina stolz zu Hause. „Weißt du, was das heißt, Mama?"

„Ja, sicher. Irgendwo da draußen läuft jetzt ein Pferd barfuß rum!"

Bei Familie Schaf klingelt es an der Tür. Draußen steht ein Polizist mit zwei kleinen Lämmchen.
Der Polizist sagt: „Wir haben zwei Ihrer Kinder im Park gefunden! Haben Sie denn nicht gemerkt, dass sie ausgebüxt sind und zwei fehlen?"
Da meint Mama Schaf: „Wir versuchen ja immer, alle durchzuzählen, aber jedes Mal schlafen wir mittendrin ein!"

„Schlafenszeit! Alle braven Kinder gehen jetzt ins Bett", sagt die Mutter.

„Super", jubelt die kleine Jana. „Eben hast du gesagt, dass ich heute überhaupt nicht brav war!"

Niklas kommt mit einem Beutel Zahnbürsten nach Hause und erklärt seiner Mutter: „Die reichen erst mal für ein paar Jahre!"

„Wo hast du die denn alle her?", fragt die Mutter erstaunt.

„Vom Flohmarkt."

Familie Müller macht eine
Wanderung. Nach einigen Stunden
sagt Herr Müller: „Schaut mal, hier
ist doch der perfekte Platz für unser
Picknick!"
„Stimmt, Schatz", antwortet Frau
Müller. „Hunderttausend Ameisen
können nicht irren."

Tiere

Der junge Löwe jagt einen Touristen
durch die Steppe. „Hör sofort damit
auf", brüllt die Löwenmutter, „wie
oft hab ich dir schon gesagt: Mit
seinem Essen spielt man nicht!"

„Mama, stimmt es eigentlich, dass Schafe nicht besonders schlau sind?", fragt Lara.
Darauf ihre Mutter: „Stimmt, mein Lämmchen!"

Im Biologieunterricht fragt Frau Schulz: „Welches Tier außer dem Igel kann sich noch zusammenrollen?"
Katharina antwortet: „Na, der Rollmops!"

Ein Schwein klagt dem Hund sein
Leid: „Das ist so gemein! Alle
machen dauernd Schimpfwörter aus
mir!"
Da sagt der Hund mitfühlend:
„Stimmt, das ist echt eine
Schweinerei!"

Hängen zwei Faultiere
nebeneinander am Baum rum. Gähnt
das eine.
Da meckert das andere: „Ich glaube,
ich muss mir einen anderen Baum
suchen. Mit deiner Hektik machst du
mich völlig nervös."

Auf der Koppel unterhalten sich zwei Pferde.

Fragt das eine: „Na, wie war dein letztes Springturnier? Hast du es über das ganz hohe Hindernis geschafft?"

Darauf das andere: „Ich nicht, aber mein Reiter!"

„Oma, Oma, spielen wir Zoo?"

„Gerne, und wie geht das?"

„Also, wir Kinder spielen die Tiere. Und du bist die nette, alte Besucherin, die die Tiere mit Süßigkeiten füttert."

Laura hat Geburtstag und hat eine Schildkröte bekommen. Nach einer Weile bittet sie: „Papa, kannst du den Deckel abnehmen, ich will sie streicheln."

Ein Junge mit einem Pinguin wird von einer Frau angesprochen: „Ja, wo hast du denn den Pinguin her?"
Antwortet er: „Der ist mir zugelaufen, und jetzt weiß ich nicht, was ich mit ihm machen soll."
Meint die Frau: „Warum gehst du nicht einfach in den Zoo mit ihm?"
„Gute Idee!", bedankt sich der Junge.
Später trifft die Frau wieder auf den Jungen, immer noch mit Pinguin.
„Wolltest du mit dem Pinguin nicht in den Zoo?", fragt sie.
Sagt er: „Da waren wir schon. Jetzt gehen wir ins Kino."

„Was ist das?", fragt Greta und
zeigt auf einen Melkschemel.
„Das braucht man, wenn man die
Kühe melkt", erklärt der Bauer.
„Und wie schafft man es, dass sich
die Kuh da draufsetzt?"

Herr Spinne will einkaufen gehen.
Sagt Frau Spinne: „Nimm das Netz
mit! Plastiktüten sind
umweltschädlich."

Zwei kleine Mäuse unterhalten sich.
Plötzlich fliegt eine Fledermaus
vorbei. Sagt die eine Maus: „Wenn
ich groß bin, werde ich auch Pilot!"

Zwei Schnecken stehen an einer
Straßenkreuzung. Eine möchte die
Straße überqueren, da sagt die
andere: „Pass auf! In drei Stunden
kommt der Bus."

Fritzchen telefoniert mit dem
Metzger.

„Haben Sie Schweineohren?"

„Ja, habe ich."

„Haben Sie Schweinebauch?"

„Ja, habe ich."

„Haben Sie Schweinepfoten?"

„Ja, habe ich natürlich."

Fritzchen lacht laut: „Mann, Sie
müssen aber doof aussehen!"

Fragt ein Fisch den anderen: „Leihst
du mir bitte mal deine Haarbürste?"

„Auf gar keinen Fall! Du hast doch
Schuppen!"

Der Hahn kommt mit einem Straußenei auf den Hühnerhof. „Alle Hennen mal herkommen!", ruft er und zeigt vorwurfsvoll auf das Straußenei. „Ich will ja nicht meckern, aber schaut euch bitte mal an, was die Konkurrenz so zustande bringt."

Zwei Kühe treffen sich auf der Weide.
Sagt die eine: „Muh!"
Sagt die andere: „Das wollte ich auch gerade sagen!"

Ein Junge hat eine Katze auf dem
Arm. Er klingelt bei der alten
Dame aus der Nachbarschaft. Als
sie die Tür öffnet, sagt er: „Sie
haben doch demjenigen zehn Euro
versprochen, der Ihren Wellensittich
zurückbringt? Hier ist er!"
„Aber das ist doch eine Katze?!"
„Ja, aber nur außen herum!"

Im Zoo schneiden die Besucher allerhand Grimassen, um die Aufmerksamkeit der Affen zu erregen. Sagt der Affenvater zu seinen Kindern: „Ist doch gut, dass die alle hinter Gittern sind!"

Ein Elefant und eine Maus gehen gemeinsam ins Freibad. Plötzlich sagt der Elefant erschrocken: „Oh nein, ich habe meine Badehose zu Hause vergessen!"
Da sagt die Maus: „Das ist doch kein Problem! Ich habe zwei dabei."

Zwei Bären sitzen im Herbst vor
ihrer Höhle und gucken zu, wie das
Laub von den Bäumen fällt.
Sagt der eine: „Irgendwann lasse ich
den Winterschlaf mal ausfallen und
warte auf den Typen, der im Frühling
die Blätter wieder anklebt."

Die Taubenmutter schimpft mit
ihrem Jungen: „Jetzt hast du schon
wieder ins Nest gemacht. Es wird
Zeit, dass du lernst, das Denkmal zu
benutzen!"

Eine kleine Stechmücke darf zu
ihrem ersten Ausflug starten. Als sie
zurückkommt, fragt Mama: „Und,
wie war's?"
„Sehr schön!" Die kleine Mücke
strahlt. „Immer wenn sie mich
gesehen haben, haben die Menschen
vor lauter Begeisterung in die Hände
geklatscht."

Fragt ein Tausendfüßler den anderen: „Du, sag mal, wo ist eigentlich deine Frau? Die habe ich ja schon seit Wochen nicht mehr gesehen."
Antwortet der andere: „Ach, die ist Schuhe kaufen."

Zwei Pferde schauen sich ein Pferderennen an.
Fragt das eine: „Warum laufen die denn alle so schnell?"
Sagt das andere: „Das schnellste Pferd bekommt einen Preis."
Das Pferd schaut verdutzt. „Na gut, aber warum laufen dann die anderen?"

Treffen sich zwei Schlangendamen.
Sagt die eine: „Seit ich meine neue
Brille habe, weiß ich, warum mein
Mann immer so schweigsam ist."
„Und warum?"
„Er ist ein
Gartenschlauch."

Die kleine Schnecke darf zum ersten
Mal ganz alleine ausgehen.
Die Mutter ermahnt sie: „Aber pass
auf, dass du in den Kurven nicht ins
Schleudern kommst!"

Ein Mädchen geht in die Zoohandlung und fragt den Verkäufer: „Was kostet ein Goldfisch?"
„Zehn Euro", sagt der Verkäufer. Das Mädchen zählt ihr Taschengeld, kommt aber nur auf fünf Euro. „Und was kostet ein Silberfisch?"

Zwei Fliegen krabbeln über einen Globus. Als sie sich zum zweiten Mal begegnen, sagt die eine zu der anderen: „Wie klein die Welt doch ist!"

Treffen sich zwei Fische im See.
Der eine sagt: „Blubb."
Der andere: „Blubb, blubb."
Da kommt ein dritter Fisch dazu und
sagt: „Blubb, blubb, blubb!"
Meint der erste zum zweiten:
„Komm, wir gehen. Der labert mir zu
viel!"

Ein kleiner Spatz fliegt über die
Autobahn. Da kommt ihm ein Auto
entgegen und das arme Vögelchen
knallt mit voller Wucht an die
Frontscheibe.
Der Autofahrer nimmt den Vogel mit
nach Hause und pflegt ihn in einem
Käfig gesund.
Als der Vogel aufwacht, sagt er:
„O weh, ich bin im Gefängnis,
wahrscheinlich ist das Auto tot."

Maus und Elefant schleppen sich
durch die Wüste.
Die Maus läuft im Schatten des
Elefanten. Nach einiger Zeit sagt
sie: „Du, wenn es dir zu heiß wird,
können wir auch tauschen!"

Im Teich treffen sich zwei Karpfen.
Fragt der eine: „Was machst du
heute Nachmittag?"
Die Antwort: „Ich glaube, ich gehe
schwimmen."

Was ist der Unterschied zwischen
einem Floh und einem Elefanten?
Elefanten können Flöhe haben, aber
Flöhe keine Elefanten.

Helena spielt mit ihrem Hund im Garten Schach.
Da kommt der Nachbarsjunge vorbei, bleibt am Zaun stehen und sagt: „Du hast aber einen klugen Hund!"
Da sagt Helena: „Nein, überhaupt nicht. Er verliert jedes Mal!"

Eine Fliege saust ganz knapp an einem Spinnennetz vorbei.
Die Spinne: „Na warte, morgen erwische ich dich."
Die Fliege lacht. „Bestimmt nicht, ich bin eine Eintagsfliege!"

Eine Maus und ein Elefant machen einen Spaziergang. Als sie über eine Hängebrücke gehen, fragt der Elefant: „Warum wackelt denn die Brücke so?"
Sagt die Maus: „Ich habe heute meine schweren Stiefel an."

Auf der Polizeistation klingelt das Telefon.

„Bitte kommen Sie schnell! Es geht um Leben und Tod. Hier in der Wohnung ist eine Katze!", schallt es aus dem Hörer.

Der Beamte erkundigt sich: „Wer ist denn da am Apparat?"

„Der Papagei."

Zwei Flöhe kommen aus dem Kino. Es regnet.

Fragt der eine: „Gehen wir zu Fuß, oder nehmen wir uns einen Hund?"

Eine kleine Spinne trippelt völlig
aufgeregt ins Fundbüro und fragt:
„Bitte, können Sie mir helfen, ich
habe den Faden verloren!"

Henri erzählt seinem Freund:
„Unsere Katze hat bei der
Vogelausstellung den ersten Preis
geholt!"
„Echt? Wie denn das?"
„Die Käfigtür war offen!"

Die Motten-Mama schimpft mit
ihren Kindern: „Wenn ihr die
alten Hausschuhe nicht aufesst,
gibt es auch kein Abendkleid zum
Nachtisch!"

Tierische Zungenbrecher

Wenn rennende Rentiere
Rentierrennen rennen, rennen
rennende Rentiere Rentierrennen.

Zwischen zwei Zwetschgenbäumen
zwitschern zwei geschwätzige
Schwalben.

Manches müde Murmeltier mag
Magermilch und Mandarinen.
Magermilch und Mandarinen mag
manches müde Murmeltier.

Auf dem Rasen rasen Hasen, atmen
rasselnd durch die Nasen.

Wenn Schnecken an Schnecken schlecken, merken sie zu ihrem Schrecken, dass Schnecken nicht schmecken.

Kluge kleine Katzen kratzen keine Krokodile.

Es klapperten die Klapperschlangen, bis ihre Klappern schlapper klangen.

Wenn viele flinke Frösche viele fliegende Fliegen fangen, fangen viele flinke Frösche viele fliegende Fliegen.

Zehn zahme Ziegen zogen zehn
Zentner Zucker zum Zoo.

Ein Stachelschwein, ein
Stachelschwein, das muss ein
Schwein mit Stacheln sein, doch hat
es keine Stacheln - nein, so ist es
auch kein Stachelschwein.

Eine Kuh macht Muh, zwei Kühe
machen Mühe!

Nachwuchs bei den Pinguinen. Die Pinguineltern sind sehr stolz und warten drauf, dass ihr Pinguinbaby das erste Wort spricht.

Der Pinguinvater: „Bestimmt sagt es Papa!"

Die Pinguinmutter: „Bestimmt sagt es Mama!"

Da sagt das Pinguinbaby: „Mir ist kalt!"

Im Garten treffen sich zwei Wurmkinder.
Fragt das eine: „Wo ist denn dein Papa?"
Die Antwort: „Der ist heute beim Angeln."

Meint ein Wachhund zum andern:
„Hörst du nichts?"
„Doch."
„Und warum bellst du dann nicht?"
„Na, dann höre ich doch nichts mehr!"

Ganz allein sitzt die Maus im Kino. Da kommt der Elefant herein und setzt sich ausgerechnet genau vor die Maus. Nach kurzer Zeit tippelt die Maus wütend zu dem Sessel vor dem Elefanten und setzt sich. Und dann dreht sie sich um und sagt: „Tja, ganz schön doof, wenn sich jemand direkt vor einen setzt und man nichts mehr sehen kann, oder?"

„Hast du schon einmal gesehen, wie ein Kälbchen geboren wird?", fragt der Bauer die kleine Selina.

„Nein, wie denn?"

„Zuerst kommen die Vorderbeine, dann der Kopf, dann die Schultern und der Körper, und schließlich die Hinterbeine."

„Toll! Und wer baut das dann alles wieder zusammen?"

Zwei Ameisen laufen an einem Elefanten vorbei und fragen ihn, ob er Lust zum Kämpfen hat.
Der Elefant ist empört. „Auf keinen Fall! Zwei gegen einen ist voll unfair!"

Alle Kinder wollen einen Hund, nur der Bert, der will ein Pferd.

Scherzfragen

Warum springt der Frosch bei Regen
in den Teich?
Damit er nicht nass wird.

Welchen Fall kann der Detektiv nicht lösen?

Den Wasserfall.

Welcher Vogel hat keine Flügel und keinen Schnabel?

Der Spaßvogel.

Wie ist die beste Schule?

Geschlossen.

Welcher Hahn kann nicht krähen?

Der Wasserhahn.

Was sucht eine Spinne
auf dem Handy?

Ihr Netz.

Was hat keine Füße, läuft aber
trotzdem?

Die Nase.

Was ist bei der Maus groß und beim
Kamel klein?

Das M.

Welchen Tisch kann man essen?
Den Nachtisch.

In welcher Schule lernt man nichts?
In der Baumschule.

Welcher Hund mag keinen Knochen?
Der Seehund.

Wo schlafen Katzen?
Im Miezhaus.

Welches Spiel kann man nicht
spielen?
Das Beispiel.

Was machen zwei Schafe, die sich
streiten?
Sie kriegen sich in die Wolle.

Was wird beim Trocknen nass?
Das Handtuch.

Was ist durchsichtig und riecht nach
Karotten?
Ein Kaninchenpups.

Welche Frucht ist nicht mutig?
Die Feige.

Was passiert mit einem weißen
Stein, der ins Rote Meer geworfen
wird?
Er wird nass.

Was macht ein Keks, wenn er keine
Lust mehr auf die Schule hat?
Er verkrümelt sich.

Was macht eine Wolke, wenn es
juckt?
Sie sucht einen Wolkenkratzer.

Was kann man nicht mit Worten
ausdrücken?
Einen nassen Schwamm.

Welcher Stuhl kann nicht stillsitzen?

Der Fahrstuhl.

Was bekommt man, wenn man
Spaghetti um einen Wecker wickelt?

Essen rund um die Uhr.

Welche Gartenarbeit können
Mathelehrer am besten?
Wurzeln ziehen.

Ferien und Freizeit

David ist im Spielwarenladen. Höflich sagt er zur Verkäuferin: „Ich hätte gerne einen neuen Bumerang. Und können Sie mir bitte sagen, wie ich den alten wegwerfen kann?"

Die Klasse 3 b ist im Schullandheim.
Alle sitzen beim Frühstück.
Joshua sagt: „Der Kinderkaffee hier
schmeckt wie Spülwasser."
Mira korrigiert ihn: „Das ist doch
Tee!"
Kommt die Köchin vorbei und fragt:
„Will noch jemand Kakao?"

Anna fragt Fritzchen: „Warum
stehen in deinem Kühlschrank
eigentlich so viele leere Flaschen?"
„Na ja", sagt Fritzchen. „Es könnte
ja mal jemand kommen, der nichts
trinken will."

Alle Kinder

Alle Kinder haben Ferien, nur nicht
Jule, die muss zur Schule.

Alle Kinder steigen auf den
Eiffelturm, nur nicht Alisa, die ist
beim schiefen Turm von Pisa.

Alle Kinder fahren ans Mittelmeer,
nur nicht Andrea, die fährt nach
Korea.

Alle Kinder mögen Pizza, nur
nicht Betty, die mag lieber Spaghetti.

Alle Kinder spielen Klavier, nur
nicht Frauke, die haut
auf die Pauke.

Alle Kinder lachen sich schlapp, nur nicht Fritz, der kennt den Witz.

Alle Kinder sind im Zeltlager, nur nicht Jan, der kam nicht an.

Alle Kinder gehen spielen, nur nicht Klaus, der bleibt zu Haus!

Alle Kinder fangen einen Schmetterling, nur nicht Lotte, die fängt eine Motte.

Alle Kinder essen Müsli, nur nicht Mark, der isst Quark.

Alle Kinder bleiben stehen, nur nicht Ron, der läuft davon.

Alle Kinder essen Hamburger, nur nicht Olli, der lutscht einen Lolli.

Alle Kinder gehen nach Hause, nur nicht Flo, der geht in den Zoo.

Allen Kinder hat's geschmeckt, außer Jürgen, der muss würgen.

Alle Kinder spielen mit Delfinen, außer Kai, der spielt mit einem Hai.

Alle Kinder fahren Fahrrad, nur nicht Susanne, die hat eine Panne.

Alle Kinder flüchten aus dem Meer, nur nicht Kalle, der klebt an einer Qualle.

Alle Kinder bekommen ein Eis, nur nicht Heinz, der kriegt keins.

Allen Kindern steht das Wasser bis zum Hals, nur nicht Rainer, der ist kleiner.

Im Hotel. Ein Huhn kommt in den Frühstücksraum und ruft den Kellner. „Bitte bringen Sie mir einen Eierbecher, einen Löffel, Salz und eine Serviette. Den Rest erledige ich selbst!"

Jasmin kommt zur Pizzeria und
bestellt eine Pizza Margherita.
Als die Pizza fertig ist, fragt der
Pizza-Bäcker: „Möchtest du die Pizza
lieber in vier oder in acht Stücke
geschnitten haben?"
Jasmin überlegt kurz und antwortet:
„Lieber nur in vier Stücke, ich
glaube, acht schaffe ich nicht."

Der Kassierer im Kino wundert sich.
„Junge, das ist jetzt schon die siebte
Eintrittskarte, die du in der letzten
Stunde gekauft hast."
Der Junge ist empört. „Was soll ich
denn machen? Vor dem Saal steht
so ein Typ, der sie mir jedes Mal
zerreißt!"

„In diesem Jahr werde ich im Urlaub
nichts tun. Die erste Woche werde
ich mich nur im Schaukelstuhl
entspannen."
„Ja, und dann?"
„Dann werde ich vielleicht ein wenig
schaukeln."

Tim und Tom sitzen am See und
angeln. Nacheinander holen sie einen
Hut, einen Schuh, einen Becher,
einen Regenschirm und sogar einen
Löffel aus dem Fluss.
„Lass uns lieber verschwinden",
meint Tom, „da unten wohnt einer!"

Der Vater versucht, seiner Tochter
das Schwimmen beizubringen.
Nach geraumer Zeit sagt das
Mädchen: „Papi, können wir jetzt
wieder aufhören?"
Der Vater ist verwundert: „Wieso,
hast du denn keine Lust mehr?"
„Doch, Lust habe ich schon noch,
aber keinen Durst mehr."

Ferien auf dem Bauernhof.

„Toll, wie jede Kuh sofort ihren Platz im Stall findet!", sagt Theresa.

„Kunststück", meint Dominik, „wo doch über jedem Platz ein Schild mit dem Namen der betreffenden Kuh hängt."

Mats und Emil sind gemeinsam im Zoo.

Mats will wissen: „Was der Puma wohl sagen würde, wenn er sprechen könnte?"

„Das weiß ich", erwidert Emil. „Er würde sagen: Ich bin kein Puma, sondern ein Panther!"

Die kleine Michaela macht zum ersten Mal mit ihren Eltern eine Kreuzfahrt.

Als der Steward vorbeikommt, fragt er das Mädchen: „Na, gefällt es dir bei uns auf dem Schiff?"

Michaela antwortet: „Es gefällt mir sehr." Dann zeigt sie auf das Bullauge. „Vor allem der Wandschrank, da geht richtig viel rein und das Zimmer ist im Nu aufgeräumt."

„Wann wollen wir uns treffen?"

„Mir ist es egal."

„Und wo?"

„Wo du willst."

„Und um wie viel Uhr?"

„Wann du willst."

„Okay, bis dann!"

Oma Erika zu ihrem Enkel: „Zu Weihnachten darfst du dir ein ganz tolles Buch von mir wünschen!"
Der Enkel: „Super! Dann wünsche ich mir dein Sparbuch!"

„Gestern war ein richtig schöner Tag", freut sich Rafael.

„Warum?", will sein Freund Toni wissen.

„Da konnte ich machen, was ich wollte!"

„Und was wolltest du machen?"

„Nichts!"

„Kommst du am Freitag zu mir?", fragt Thomas seinen Freund. „Dann spielen wir im Garten Fußball."

„Wenn es aber am Freitag regnet?"

„Dann kommst du halt schon am Donnerstag!"

Helene geht mit ihren Eltern in den Zoo.

Am Zaun vor dem Zebragehege hängt ein Schild, auf dem steht „Achtung! Frisch gestrichen!".

Helene ist empört: „Und ich dachte, die Streifen von den Zebras wären echt!"

Wo machen Kühe Urlaub?
Auf Kuhba.

Maries Cousine aus Australien
ist zu Besuch. Plötzlich kommt
Maries Hund ins Zimmer und bittet
freundlich: „Kannst du mir die
Zeitung geben?"
Die Cousine ist wie vom Donner
gerührt.
Da sagt Marie: „Ach was, der alte
Angeber kann doch gar nicht lesen!
Der guckt sich bloß die Bilder an."

„Hübsch, dieser Globus", schwärmt
Tante Käthe im Kaufhaus. „Wenn
Sie so einen von Deutschland haben,
kaufe ich ihn für meinen Neffen."

Lena und Amelie stehen an der Bushaltestelle und warten auf den Bus.

Da meint Lena: „Ich fahre mit Bus Nummer vier. Und du?"

„Mit Nummer zwei", antwortet Amelie.

Auf einmal kommt ein Bus mit der Nummer vierundzwanzig.

Darauf Lena: „Juhu, wir können zusammen fahren!"

An der Nordsee. Thorsten sieht zum ersten Mal die Ebbe.

„Unverschämtheit", sagt er, „kaum sind wir da, haut das Meer ab."

Im Zoo. Zwei kleine Mädchen
schauen sich die Giraffen an.
„Ob die sich auch erkälten, wenn
sie nasse Füße bekommen haben?",
überlegt die eine.
„Na klar!", weiß die andere. „Nur
haben sie den Schnupfen erst eine
Woche später."

Samuel fährt für zwei Wochen ins Zeltlager.

„Hast du auch Zahnbürste und Zahnpasta eingepackt?", will die Mutter von ihrem Sohn wissen.

„Zahnbürste und Zahnpasta?", fragt der Sohn entsetzt. „Ich dachte, ich fahre in die Ferien?!"

Fritzchen sagt zu seinem Freund: „Ich muss noch Hausaufgaben machen, eine Stunde Trompete üben und mein Zimmer aufräumen. Ich komme dann in zehn Minuten raus zum Spielen."

Zwei Mädchen führen ihre Ponys spazieren.

Annette meint: „Dein Pony ist wirklich schlau, Linda."

„Ach", antwortet Linda, „nicht immer. Neulich bin ich beim Ausreiten gestürzt und hab es zum Arztholen geschickt. Und mit wem kommt es zurück? Mit dem Tierarzt!"

Was liegt am Strand und spricht undeutlich?
Eine Nuschel.

Zwei Hunde machen Urlaub, haben
sich aber in der Wüste
verirrt. Sagt der eine zum anderen:
„Wenn jetzt nicht
bald ein Baum kommt, mach ich mir
in die Hose!"

„Kein Grund zur Beunruhigung!",
sagt der Pilot, der mit dem
Fallschirm auf dem Rücken durch das
Flugzeug rennt. „Ich springe jetzt
und hole Hilfe."

An der Kinokasse:
Kassiererin: „Leider ist das Kino bis
auf den letzten Platz ausverkauft!"
Fritzchen: „Macht nichts, dann
geben Sie mir eben den letzten."

Die Familie fährt mit dem Auto in
den Urlaub.
„So", sagt der Vater, „einen
Parkplatz haben wir endlich. Jetzt
müssen wir nur noch nachschauen,
in welcher Stadt wir sind."

„Papa, wo sind eigentlich die
Stechmücken im Winter?"
„Keine Ahnung. Aber ich wünschte,
da wären sie auch im Sommer!"

„Gibt es hier Seeigel, Krebse, Quallen, oder so was?", fragt Sofie. „Natürlich nicht", sagt der Rettungsschwimmer des Hotels. „Die haben nicht die geringste Chance. Das ganze Gewürm wird sofort von den Haien weggeputzt."

Silke macht mit ihrer Familie Urlaub auf dem Bauernhof. Der Bauer erklärt seinen Gästen: „Bei uns wird man morgens vom Hahn geweckt." Silke ist begeistert. „Toll, dann stellen Sie ihn bitte auf halb 10."

Im Urlaubsort. Essenszeiten im Hotel: Frühstück von 8 bis 11 Uhr, Mittagessen von 11 bis 15 Uhr, Kaffee und Kuchen von 15 bis 18 Uhr, Abendessen von 18 Uhr bis Mitternacht.

„Schade", sagt ein kleines Mädchen, „ich wäre so gerne auch mal an den Strand gegangen."

„Bevor wir in den Urlaub fahren, ist meine Mama immer wie ein Krimi."
„Wieso wie ein Krimi?"
„Na, packend bis zum Schluss."

Ich kann lesen! – Die allerbesten Schülerwitze
ISBN 978 3 522 18667 4

Gesamtausstattung: Dirk Hennig
Einbandtypografie: Sabine Reddig, Grafik Design & Illustration
CI „Ich kann lesen!": Dirk Hennig/Sabine Reddig
Innentypografie: Swabianmedia, Eva Mokhlis, Stuttgart
Reproduktion: HKS-ARTMEDIA GmbH, Ostfildern
Druck und Bindung: CPI Books GmbH

2. Auflage 2024